頭の悪い伝え方 頭のいい伝え方

高橋輝行

アスコム

はじめに

「話せば話すだけ残念な結果になる」
「誰からも信頼され、結果を出せる」
あなたはどちらを望むのか

こんにちは。

経営コンサルタントの高橋輝行です。

突然ですが、みなさんは、誰かと話していて、

「よくわからないからもう一回言ってくれる?」

「結局、何が言いたいの?」

と言われたことはありますか?

私にはありました。

特に経営コンサルタントになって間もないころは、上司や先輩から、しょっちゅうこうした指摘を受けたものです。

私は大学院で物理を勉強し、卒業してから広告代理店で数年間、営業マンとして働いた後、ベンチャー企業を経て、経営コンサルティングの会社に転職しました。

広告代理店やベンチャーでの経験を通して、人を活かし、人を動かして成果を上げることに手応えを感じ、次は「会社を動かす仕事」に挑戦したい、と考えるようになったからです。

それまでの私は、自分の「伝え方」に問題があるとは思っていませんでした。

さほど口が達者なわけでも、話し上手なわけでもありませんでしたが、**「少なくとも、**

相手に情報が伝わるように話せている」という自信はあったのです。

ところが、経営コンサルタントになったとたん、その自信は崩れ去りました。自分の「伝え方」に対し、ダメ出しをされることが多くなったからです。

経営コンサルティングは、クライアントの経営課題を発見し、解決のお手伝いをする仕事です。

私が勤めていた会社は少し変わっていて、一人ひとりのコンサルタントが一定期間、クライアントに社員として入り込むという形をとっていたのですが、クライアントのほかの社員にとっては、コンサルタントは「よそ者」です。

クライアントの会社をより良くするため、一生懸命に改革プランを考えたのに、ほかの社員から**「どうしてそんなことをする必要があるんですか？」「本当に意味があるんですか？」と言われてしまう**ことも、しばしばあります。

そうした中で職務を遂行（すいこう）するためには、クライアントのトップや社員のみなさんに、自分の考えをわかりやすく正確に伝え、納得していただくことが必要不可欠です。
つまり経営コンサルタントは**「考えを言語化すること」「考えを伝えること」**に長けていなければ、務まらない仕事であるといえるでしょう。

私は、そんな彼らから、**「伝え方」のまずさを指摘された**わけです。
家族や友人であれば、落ち着いてもう一度伝え直すことができますが、厳しい上司や先輩からそう言われると、頭が真っ白になってしどろもどろになり、その場から一目散に逃げ出したくなったことが何度もありました。

一方で、伝え方がうまい同僚たちは、社内でもクライアントでもどんどん意見が通り、「こいつはできる」「頭がいい」という評価を得ていきました。
ときには、私の方がいい意見を出していたにもかかわらず、です。

そして、私はようやく、「世間で『頭がいい』と思われている人の多くは、**『頭のいい意見を出す人』**ではなく**『頭のいい伝え方ができている人』**だ」ということに気づいたのです。

少しの気づきで、誰でも「頭のいい伝え方」ができるようになる

それから私は、自分の伝え方の何が悪いのか、伝え方がうまい人と何が違うのか、どうすれば「頭のいい伝え方」ができるようになるかを徹底的に研究し、二つのことに気づきました。

まず一つは、**「頭のいい伝え方」ができている人はみな、大体同じテクニックを使っているということ。**

もう一つは、言葉の選び方のセンスや語彙(ごい)力がなくても、そのテクニックさえ身につければ、「頭のいい伝え方」ができるようになるということです。

なお、みなさんは「押しが強い人や自信家ほど伝え方がうまいのではないか」と思っているかもしれませんが、私の実感では、むしろ逆です。**伝えることに苦手意識があって、ペラペラと喋れない**、どちらかといえば押しの弱い人の方が、**「頭のいい伝え方」が身につく**のではないかと思います。

私自身、もともと押しが強い性格ではなかったため、経営コンサルタントという仕事に就いていながら、いつも押しが強い人に負けてしまっていました。

しかし伝え方のテクニックを身につけたことにより、「相手の話をしっかり聞きながら、やんわりと自分の意図する方向に誘導し、あたかもこちらが相手の言いなりになっているように見せながら、**最終的には自分の目指すべき結論に落ち着かせる**」という技を使えるようになったのです。

ゴリゴリと自分の意見を押しつけ、相手を説き伏せるようなやり方だと、後で「一度は承諾したけれど、やはり従うことができない」と結論をひっくり返されたり、プロジェクトがうまくいかなかったときに、「あなたが言う通りにしたのに」とクレームをつけられたりすることがあります。

ところが、テクニックを駆使し、**相手に心から納得してもらう**ことができれば、そうしたリスクは格段に少なくなります。

それこそが、**究極の「頭のいい伝え方」**だと私は思うのです。

おかげさまで、その後の私は、大手クライアントのリストラや事業の縮小など、難しい案件にも対処できるようになり、経営コンサルタントとしての地位を築くことができました。

最初のころ、「伝え方」に悩み苦しむことがなかったら、もしかしたら今の私はなかったかもしれません。

キーワードは「ちょい出し」「時間」「ジャストアイデア」「簡略化」「細分化」

ここまで読んで、みなさんはおそらく、次のように思っているはずです。

「頭のいい伝え方ができるようになることが大事だということはわかった。でも、どうすれば頭のいい伝え方ができるようになるの？」

「伝え方の本は今までにも読んだことがあるけど、あまり参考にならなかった。簡単にできて、応用のきくやり方が知りたい」

たしかに、たくさんのテクニックやメソッドを紹介されてもなかなか覚えきれませんし、どんなに優れたテクニックでも、使いこなせなければ意味がありません。

過去の経験を踏まえ、私は、「頭のいい伝え方」の鍵は、主に、

- いかに聞き手の感情に寄り添い、『話を聞きたい』という気持ちを持続させるか
- いかに自分の考えや物事、状況などを正確に言語化するか
- いかに相手の頭の中を整理してあげるか

の三点にあると考え、それらを実現するために特に必要なテクニックを、次の五つのポイントに整理し、まとめました。

それぞれの詳しい内容については、本文で詳しく説明しますが、人と会話したり説明したりするのが苦手な人でも、この五つを中心としたテクニックを身につければ、「頭のいい伝え方」ができるようになります。

①「ちょい出し」

相手に聞く準備をさせる

②「時間」

時間を明確に伝え、相手のストレスをなくす

③「ジャストアイデア」

相手が耳をかたむけやすくする

④「簡略化」

長い説明を簡略化し、明確にする

⑤「細分化」

曖昧な説明、依頼を明確にする

そして、

- 相手が、あなたの話に興味を持ってくれるようになる
- 誤解や行き違いが減り、それに伴う失敗やトラブルも減る
- 自分の考えや物事、状況などを正確に言語化できるようになる
- 周りからの信頼を得られるようになる

といった効果を実感できるようになるはずです。

もちろん、「伝え方の本は今までにも読んだことがあるけど、あまり参考にならなかった」という方でも大丈夫です。

いずれのテクニックも、やり方は非常にシンプルなので、考え方さえ理解できれば、実行しやすく、応用もききやすいでしょう。

「頭のいい伝え方」を身につければ、あなたの周りの人との関係、物事の進め方、そ

して人生のあり方は、大きく変わります。

まず、みんながあなたの意見を好意的に聞き、受け入れてくれますから、ビジネスにおいてもプライベートにおいても、物事をスムーズに進めやすくなります。

しかも周りが自発的に動いてくれるので、後で「あなたがあのとき、ああ言ったから……」といった文句を言われることは少ないでしょう。

つまり、人から信頼され、結果が出せるようになり、あなたという話し手・伝え手の評価が上がるのです。

さらに、あなたと相手との間で、話の内容に関する認識のずれが起こりにくいので、誤解や行き違いなどによる失敗やトラブルも防ぐことができ、エネルギーや時間を、より有効に使えるようになります。

「頭のいい伝え方」は、このように、さまざまなメリットをあなたにもたらしてくれるはずです。

しかし世の中には逆に、**「話せば話すだけ残念な結果になる人」**も存在します。

相手に興味をもってもらうための工夫ができず、話を聞いてもらえない。

何を話したいのかが自分でも整理できておらず、あるいは簡潔に、端的に伝えるためのテクニックが足りず、「言っていることがよくわからない」と言われてしまう。

伝え方がまずく、相手を不愉快な気持ちにさせてしまう。

考えや物事を正確に伝えられず、思わぬ失敗やトラブルを招いてしまう……。

「頭の悪い伝え方」をしてしまうと、こうした状況に陥ることが多く、周りからの話し手・伝え手への信頼は著しく損なわれ、評価も下がります。

「誰からも信頼され、結果を出せる人」と**「話せば話すだけ残念な結果になる人」**。

あなたはどちらを望みますか？

どちらを選んだ方が、より楽しく豊かな人生を送れると思いますか？

答えは……言うまでもありませんよね。

さて、本書を書くにあたっては、たくさんの方々にご協力いただきました。

「伝える」という行為は、相手があって、初めて完成するものです。

一人で考えているだけでは、読者のみなさんに「伝え方のテクニック」がうまく「伝わる」ものができるとは思えなかったのです。


いろいろな人と「この書き方で伝わるかな」「このテクニックで、本当に伝え方がうまくなるかな」と伝え合った結果、とてもわかりやすく、実用的な「伝え方」の本ができたと自負しています。


みなさん、ぜひ日々の生活の中で、本書で紹介したテクニックを役立ててください。

そして、**「伝え方」が変わることで、人生がいかに変わるか。**

その「ビフォア・アフター」を体感してみてください。

高橋輝行

『頭の悪い伝え方　頭のいい伝え方』目次

はじめに　001

「話せば話すだけ残念な結果になる」
「誰からも信頼され、結果を出せる」あなたはどちらを望むのか　001

少しの気づきで、
誰でも「頭のいい伝え方」ができるようになる　005

キーワードは「ちょい出し」「時間」
「ジャストアイデア」「簡略化」「細分化」　008

第1章
今日からできる！
「頭のいい伝え方」の速攻テクニック

「ちょい出し」

「ちょい出し」は、相手の頭の中を整理し、
「聞く準備」をしてもらうためのテクニックとして最適 024

メールこそ、「ちょい出し」が必須！
相手の時間を奪うメールは、嫌われると心得よう 030

「話のうまい人」「モテる人」は、
日常の中でも「ちょい出し」で評価を高め、得をしている 040

相手は1分も話を聞いてくれない。
会話の冒頭に全力を尽くす 046

「時間」

頭のいい伝え方をしたいなら、「何日の何時」と明確に日時を伝える。
「近々」「朝方までには」は、相手の信頼を損ね、怒りを招く 050

「締め切りをあいまいにしない」。

その心がけが、あなたを「頭のいい人」に見せる 058

「ジャストアイデア」

会議や打ち合わせでは、「ジャストアイデアです」と断りを入れ、
練りに練ったアイデアを出すのが、「頭のいい伝え方」の極意 064

アイデアの出し方はカンタン！
慣れさえすれば、誰にでもできる 070

第2章

簡略化と細分化で、
相手からの信頼を勝ち取る！

「簡略化」×「細分化」

「簡略化」×「細分化」。

単純でも、これができている職場や人は意外と少ない 078

「要は〜ですね」と簡略化すれば、
「結局、何が言いたいの？」と言われなくなる 082

上司の言葉は、必ず細分化！
指示ミス、伝達漏れが劇的に減り、評価があがる！ 086

「今の説明わかりやすい！」と喜ばれた分だけ、
あなたの信頼は増し、人が動いてくれるようになる 092

「簡略化」「細分化」
「話せば話すだけ残念な人」の実例 096

第3章

「頭の悪い伝え方」をする人は、隠れトラブルメーカー？

「頭の悪い伝え方」をする人に要注意！
残念な結果を招く「隠れトラブルメーカー」と心得よ 114

「自分が話したいことを話すだけの人」
「相手の立場になって考えられない人」には、
適度に距離を置いて対処する 118

部下、家族、友人に無駄な仕事や作業をさせて反省しない。
あなたの周りに、そういう人はいませんか？ 124

第4章

「頭のいい伝え方」は、人生で得をする最高のメソッド

「頭の悪い伝え方」をする人の報告には、たいてい「小さな嘘」が含まれている　128

「頭のいい伝え方」ができれば、信頼も人も自然と集まり、楽しく豊かな人生を送ることができる　134

仕事も人生も、キーパーソンを見分けることが成功への近道　140

5年後の自分をいつも周囲に伝える。
そうすれば、自分の夢に協力してくれる人が現れる　148

自分が死ぬときを想像しよう。
最後に何を伝えたいとあなたは思うのか　152

おわりに　156

第1章

今日からできる！「頭のいい伝え方」の速攻テクニック

「ちょい出し」

「ちょい出し」は、
相手の頭の中を整理し、
「聞く準備」をしてもらうための
テクニックとして最適

第一章では、「頭のいい伝え方」のテクニックのうち、

・説明するときは「ちょい出し」を心がける
・期限を伝えるときは「時間」を明確にする
・会議では「ジャストアイデア」という言葉をうまく使う

の三つをご紹介します。

これらはいずれも、今日からさっそく使うことができる、きわめて簡単で、しかも効果の高いテクニックです。

それではまず、「ちょい出し」についてお話ししましょう。

「ちょい出し」とは、「何かを説明する際、話の結論や本当に伝えたいことを、最初に提示すること」であり、

- **話のもっとも大事な部分が、相手に伝わりやすい**
- **話の着地点を最初に提示することで、相手のストレスを減らし、相手の興味をひくことができる**

というメリットがあります。

みなさんは、人に何かを伝えようとして、ついつい話が長くなってしまい、相手にイライラされてしまったことや、逆に、**人から要領を得ない話を延々と聞かされ**、「この人は結局何が言いたいんだろう?」と思ったことはありませんか?

たとえば、あなたの同級生が作家になり、ある大きな文学賞を受賞した、というニュースが飛び込んできたとします。

その驚きを、あなたは身近な人に、どのように伝えますか?

「高校時代に、ある同級生がいたんですよ。彼はおとなしくて目立たないタイプで、成績も中ぐらいだったし、スポーツも特に得意ではなかったし、友だちもそれほど多い方ではありませんでした。ただ、読書が好きで、休み時間や学校の行き帰りもずっと本を読んでいました。その彼がいつのまにか小説家になっていて、最近、××賞を受賞したんです。いやあ、びっくりしました。人生、何が起こるかわかりませんね」

このような話し方をしてしまうと、相手は「どうしてこの人の同級生の話を聞かされているんだろう」と**ストレスを感じたり、途中で話に飽きてしまったりする**おそれがあります。

人は**「先の見えないこと」**に対して、**不安感や不快感、モヤモヤした気持ちを抱く**傾向があるからです。

前置きが長ければ、その分、「同級生が、××賞を受賞した」という、あなたがもっとも伝えたい情報のインパクトも弱くなってしまうでしょう。

しかし、最初に「いやあ、びっくりしましたよ。高校時代の同級生が、××賞を受賞したんです」と切り出したらどうでしょう。

先にこのひと言を言ってしまえば、相手は「今から、その同級生の話を聞くのだ」という心の準備をすることができますし、相手の方から「へえ、仲良かったの？」「高校時代はどんな人だった？」といった質問をしてくるかもしれません。

ところで、みなさんは会社の同僚や家族などから「確認したいことがあるから、別室で話そう」とか「話し合いたいことがあるから、早く帰ってきて」と言われ、**ドキッとしたことはありませんか？**

その場では内容を知らされず、「何か失敗でもしてしまったのだろうか」「大きな事件でも起こったのだろうか」と、悪い想像や不安は膨らむばかり。
でも、実際に話を聞いてみたら、「今度の飲み会、誰に声をかける？」とか「今年はいつ帰省する？」といった内容で、拍子抜けしてしまった……というのは、よくある話です。

こんなとき、人は「大したことじゃなくてよかった」とホッとすると同時に、「先に用件を言ってよ」「今日一日、仕事が手につかなかったじゃないか」という気持ちになってしまうものです。

こうしたケースについても、最初に話し手が「今度の飲み会のメンバーについて確認したいから、別室に来てほしい」とか「今年の帰省時期について話し合いたいから、早く帰ってきて」と伝えてさえいれば、**言われた方はモヤモヤした思いを抱えずにすみます。**

つまり「ちょい出し」を心がけるだけで、聞き手はさまざまなストレスから解放され、話し手は評価を下げずにすむのです。

まとめ

- **いきなり話を始めると、相手はイライラしてしまう**
- **「これから〜の話をします」と前置きすることで、相手の頭の中は整理される**

「ちょい出し」

メールこそ、
「ちょい出し」が必須！
相手の時間を奪うメールは、
嫌われると心得よう

メールでも、「ちょい出し」は非常に大事です。

たとえば、部下が上司に、次のような報告メールを送ったとします。

「お疲れ様です。

本日の××社との打ち合わせでは、先方から以下の点についてお問い合わせがありました。

①新商品の名前について
②納期について
③デザインについて
④見積もりについて」

このうち①については××××、②については××××、③については××××とお答えしたのですが、④については引き継ぎ案件であるため、私が把握しきれていない点もあります。

つきましては、明日にでも、見積もりについて相談させていただけますでしょうか」

メールのうち、**上司が把握するべきことは、「明日にでも、見積もりについて相談させていただけますでしょうか」という一文だけ**です。

しかし、その前に必要のない情報がたくさん書かれており、上司は必要な情報にたどり着く前に、それらを読まなければなりません。

この場合、最初に「××社関係の新商品に関して、明日にでも、見積もりについて相談させていただけますでしょうか」と書いておけば、上司は無駄な時間や労力を費やさずにすみます。

会話同様、文字でのやりとりでも、事前に話の結論や本当に伝えたいこと、伝えるべきことを「ちょい出し」する。

それは、相手が余計な時間やエネルギーを費やしたり、余計なストレスを感じたりすることを防ぎ、ひいては話の内容への関心度や、話し手自身への評価を高めることにつながります。

ところで、みなさんの中には、もしかしたら「どの情報を『ちょい出し』したらいいかわからない」という方がいらっしゃるかもしれませんね。

たしかに、ふだんから「これから自分が話そうとしている内容の結論は何か」「もっとも伝えたい内容は何か」などと意識している人は、そう多くはないでしょうし、いきなり「結論や伝えたいことを先に」などと言われても、戸惑ってしまうかもしれません。

また、**物事をうまく伝えられない人は、「自分が何を伝えたいのか」「何を伝えなければいけないのか」をわかっていない**ことが少なくありません。

そのような人はぜひ、「自分が何かを話す前に、あるいは誰かの話を聞いた後に、頭の中で『要するに？』と考えてみる」というトレーニングをやってみてください。

「要するに」は、会話において、話をまとめるために使う言葉ですが、それを自分への問いかけに用いるのです。

このトレーニング方法は、コンサルティング会社に入り、自分の「伝え方」にコンプレックスを抱いた私が、「どうすれば、頭のいい伝え方ができるようになるだろうか」と必死で考えだしたものです。

やり方は簡単です。

たとえば、もし誰かに「先日、友人と行った、表参道駅近くのイタリアンレストランは、とても落ち着いた雰囲気で、でも値段はランチがだいたい××円、ディナーは××円くらいと手ごろで、どの料理もおいしいけれど、ポルチーニのパスタがとにかく絶品で……」と話したくなったら、まず「要するに？」と自分に問いかけます。

そして、

「要するに……先日行った、表参道駅近くのイタリアンレストランの、ポルチーニのパスタが絶品だった」

といった具合に、これらの**情報の中で特に大事だと思うこと、伝えたいこと、もっ**

とも印象に残っていることを考えるのです。

あるいは、もし家族が「今日、スーパーに行ったら、キャベツがとても高かった。結局、レジで20％引きになったから良かったけど。あと、白菜も高かったし、レタスも、ふだんの何倍もの値段なのに、売り切れていた」と話していたら、

「相手が本当に伝えたいことは、『要するに……キャベツがレジで20％引きになってよかった』なのか、それとも『要するに……野菜の高騰ぶりがすごい』なのか」

といった具合に、考えをめぐらせます。

最初は難しいかもしれませんが、日々の生活の中で、このトレーニングを続けているうちに、**必ず「要するに」に続く言葉**（話の結論やもっとも伝えたいこと）が、すぐに出てくるようになります。

なお、「ちょい出し」では、話の結論を冒頭に持っていきますが、場合によっては、

結論を最後に持っていった方がいいこともあります。

たとえば、結論が、相手にとってマイナスな内容のとき。

「事情があって、スケジュール通りにプロジェクトが進んでいない」「どうしても予算が合わなくて、これ以上仕事を進められない」といった**ネガティブな報告を上司や取引先に伝えなければならない場合、最初に結論から入ると、相手が怒ってしまい、その後の話を聞いてもらえない**おそれがあります。

恋人に別れを伝えなければならない場合なども同様です。

相手の性格や、そのときの二人の状況にもよりますが、いきなり「別れたい」と言うと、相手は「え？　どうして？」とパニックに陥ってしまい、後の話が頭に入らなくなります。

気持ちの変化を順を追って話したうえで、最後に「だから、別れたい」と伝えた方が、相手に納得してもらえる可能性は高いでしょう。

また、ごく当たり前のことを結論として言わなければならないときも、「ちょい出し」ではなく、「後出し」にした方が良いかもしれません。

誰もが当然だと思っていることを最初に伝えると、相手はその後の話に対する興味を失ってしまうからです。

さらにつけ加えると、結論が話のオチになっている場合など、どうしても結論を最後まで残しておきたいこともあるでしょう。

しかし、同時に、**導入部分でも何らかの「ひき」を作っておきたいときは、話にタイトルをつけてみてください。**

話を始める前に、**「今から××について話します」**と言ってしまうのです。

子どもっぽい、低レベルな話し方だと思われるかもしれませんが、実はこれは、「頭のいい人」「伝え方が上手い人」がよく使っている、すぐに効果が出るテクニックです。

みなさんは、お笑い芸人の方が、フリートークなどで話し出すときに、

「この間、めちゃくちゃ驚いたことがあったんです」

「信じられない話といえば、昔、こんなことがありました」

などと言っているのを聞いたことがありませんか？

それこそがまさに、「話のタイトル」になっているわけです。

テレビでも舞台でも、ダラダラと話す人は、あまり歓迎されません。時間に限りがあるし、話が長いと、それだけ視聴者やお客さんが飽きてしまうからです。

そのため、芸人さんたちは、**最初のひと言で聞き手の注意をひきつつ、できるだけ短く、簡潔に話が伝わる**よう、さまざまなテクニックを使っています。

話にタイトルをつけるのも、そうしたテクニックの一つであり、結論を最後まで残しつつ、相手に話の方向性を提示することができるのです。

「要するに？」という問いかけによるトレーニングで、話の結論や本当に伝えたいことを的確につかめるようになったら、あとはその場の状況や話の内容に応じて、結論の**「ちょい出し」**や**「後出し」**、**あるいは「話にタイトルをつけるテクニック」**をうまく利用しましょう。

まとめ

- **メールのタイトルだけで、内容が伝わるのがベスト**
- **最後まで読まなければ理解できないメールは、自分の評判を下げるだけと心得る**

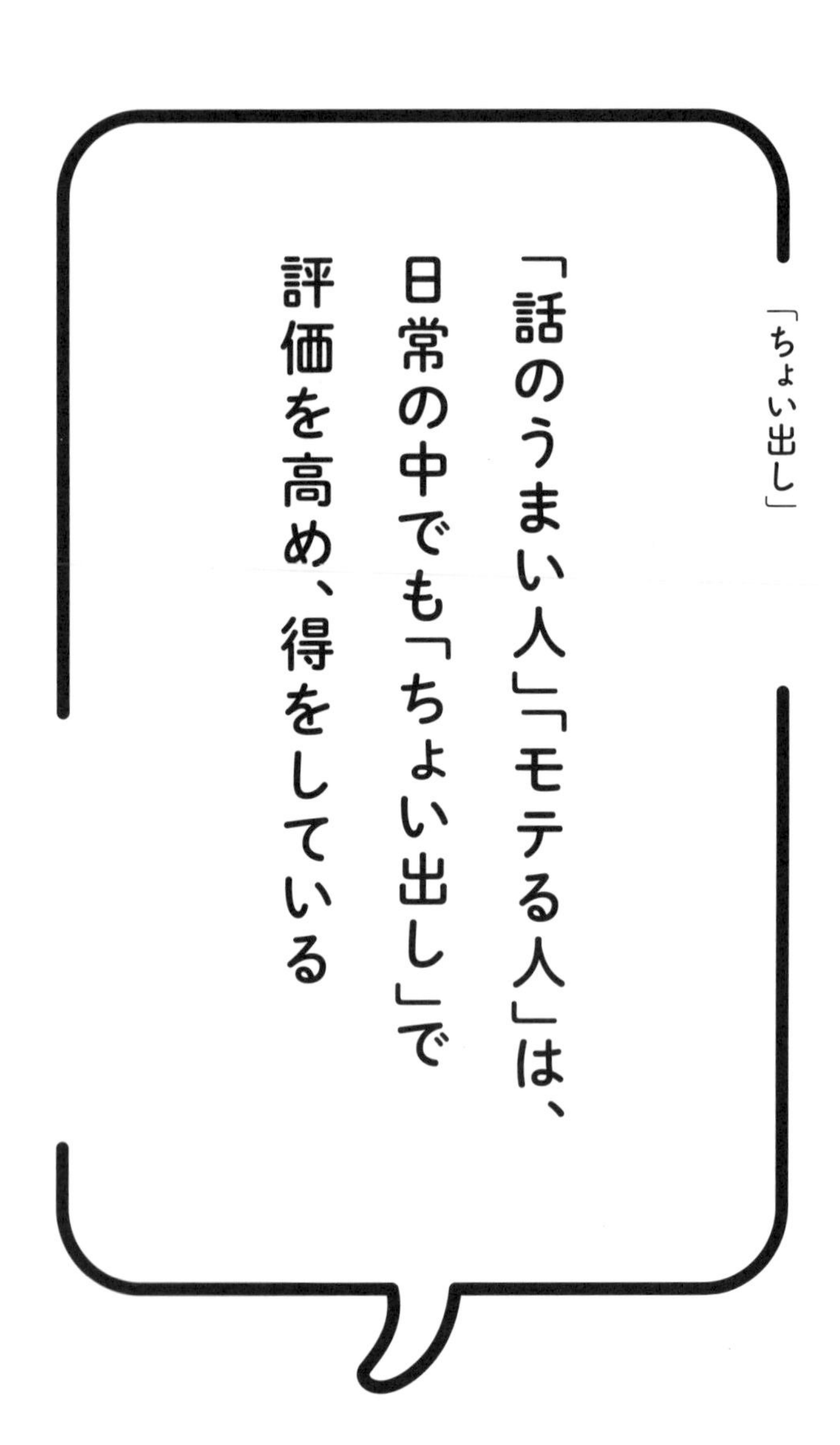
「話のうまい人」「モテる人」は、
日常の中でも「ちょい出し」で
評価を高め、得をしている

「ちょい出し」をうまく応用すれば、ビジネスでもプライベートでも、あなたの評価を大きく高めることができます。

私は以前、あるお寿司屋さんで食事をしているとき、隣の席にやってきたカップルの男性が、次のように話しているのを耳にしました。

「君、魚料理が好きだって言ってたよね？　この寿司屋、取引先との会食で来たことがあるんだけど、しめ鯖（さば）が舌の上でとろけて絶品だったから、ぜひ一緒に食べたいと思って。なかなか予約がとれないんだけど、キャンセルが出るのをずっと待っていたんだ」

その言葉を聞いたとき、私は「なかなかやるなあ」と思いました。

一緒にいる相手に、「なぜそのお店を選んだのか」「そこで何を食べ、何を楽しんでほしいか」を事前に、もしくはお店に入ってすぐに伝える。

これはまさに、「ちょい出し」の応用です。

事前にこうした情報を「ちょい出し」しておくかどうかで、相手の気持ちは大きく変わります。

見知らぬ場所に連れてこられたとき、人は必ず**「なぜ、この人は自分をここに連れてきたのだろう」「ここで、自分は何をどう楽しめばよいのだろう」**といった気持ちになり、少なからず不安を抱きます。

その答えを早めに提示してあげれば、相手はすっきりした気持ちになり、安心して食事を楽しむことができるのです。

また、**情報や先入観は人の感覚を大きく左右**します。

同じ料理でも、「この料理はおいしい」と思って食べるのと、「この料理はまずい」と思って食べるのとでは、自ずと味の感じ方が変わってくるはずです。

前もって「しめ鯖が舌の上でとろけて、絶品だ」という情報を知っていれば、相手は「ていねいに、食感を楽しもう」という気持ちにもなるでしょう。

しかも、「何を楽しめばいいか」「何を喜べばいいか」を事前に定義し、共有しておけば、お店自体が高級であろうとなかろうと、二人で同じ喜び、同じ感動を味わうことができ、**共に過ごす時間が何倍も楽しいものになる**でしょう。

そして相手はあなたの心遣いに感謝し、「この人と一緒だから、食事が楽しいのだ」と思うようになります。

これを、私は**「喜びの定義づけ」**と呼んでいます。

職場の歓送迎会などの幹事を任された場合も同様です。

年齢も立場も味の好みも異なる人たちが複数集まる場合、全員の希望を聞いて一生懸命店を選び、準備をしても、後で「中華ではなく、イタリアンの店がよかった」「会費が高かった」「会場が遠かった」などと文句を言われてしまうことがあります。

これについても、やはり事前に**「ちょい出しによる、喜びの定義づけ」**をすることができれば、**参加者の反応は大きく変わってくる**はずです。

たとえば「今回異動されるAさんのリクエストに応えて、中華にしました。少し会社から歩くのですが、北京ダックとチャーハンが大人気で、予約をとるのが難しいと言われています。きっと楽しんでいただけると思います」といった具合に、その店を選んだ理由をあらかじめ明確に提示しておけば、不満を抱く人はかなり減るのではないでしょうか。

必要な情報をちょい出しし、喜びの定義づけを行うことによって、相手を**「この人と一緒に食べるご飯はおいしい」「この人と一緒にやることは楽しい」という気持ち**にさせることができる人。

そういう人はきっと、**男女問わずモテる**はずです。

もちろん、ビジネスにおいても、同じことが言えます。

特に長いプロジェクトにかかわっているときには、一緒に働く仲間たちへの「喜びの定義づけ」が必要です。

なかなか結果が出ない状況や、同じような状況が長く続くと、人はどうしても飽き、嫌気がさし、モチベーションが下がってしまうからです。

そのため、**「今、この仕事がどのように評価されているのか」「先は見えないけれど、将来どのような成果につながる可能性があるのか」**といったことを、折に触れてしっかり仲間たちに伝える必要があります。

そうした「ちょい出し」はきっと、彼らの気持ちを奮い立たせ、よい結果をもたらすことになるでしょう。

まとめ

- **相手にどういう情報を届ければ喜んでもらえるか。その想像をすれば、自然と「良い伝え方」ができるはず。家族や友人を相手に、練習しよう**

「ちょい出し」

相手は1分も話を聞いてくれない。会話の冒頭に全力を尽くす

ここで、「ちょい出し」と併せて使っていただきたいテクニックをお伝えします。

話の冒頭部分は非常に重要です。

人は、内容に関心を持てなければ、1分も話を聞いてくれません。

しかし、最初の1分の会話が成功すれば、あなたは話を聞いてもらうチャンス、信頼されるチャンスを得たといえます。


では、人はどのような話であれば、「耳を傾けよう」という気持ちになるのか。

それは、基本的には、次のいずれかにあてはまるときではないかと、私は思います。

・自分が知っていることにまつわる話
・自分が興味を持っていることにまつわる話

たとえば、ＩＴ業界で働いている人は、ＩＴ関係の話に敏感に反応するでしょうし、自分が住んでいる町や故郷の地名が出てきたら、多くの人は関心を抱くでしょう。

逆に、まったく縁のない業種や行ったこともない場所についての話には興味がわかないはずです。

ですから、これから自分が話そうとしている内容について、相手がどの程度知っているのか、どれだけ興味を抱いているかを探ること。

それが、話に関心を持ってもらうための第一歩となります。

仮にあなたが、ある作家についての話をしようと思っているなら、話を始める前に、「××という作家をご存知ですか?」と尋ねてみましょう。

事前に、そんな基本的な質問をいくつかするだけで、相手がその作家についてどれだけ知っているか、関心を持っているかがわかりますし、相手も「この人は、××という作家についての話をしようとしているんだな」と、心の準備をすることができます。

つまり質問が、「話のタイトル」の役割を果たしてくれるわけです。

なお、質問により、相手が話のテーマについて、知識や興味を持っていないことが

わかったときは、さらに二、三、質問を重ねます。

たとえば、××という作家を知らなかった場合には、「どのような作家の本がお好きですか？」「どのようなジャンルの本を読まれますか？」といったように、「本」というくくりの中で、相手が興味を持てそうな部分を探してもいいでしょう。

事前に、内容に対する関心度を探り、できるだけ相手の興味関心が高いところから話を始める。

そうすることで、聞き手はあなたの話を「自分が知っていること、自分が興味を持っていることに関係がある」と感じ、少しずつ話に巻き込まれていくはずです。

まとめ

- **会話は、相手が興味を持ちやすいところから始める**
- **知識がない分野の話なら、「××について教えてください」と素直に尋ねてもよい**

「時間」

頭のいい伝え方をしたいなら、
「何日の何時」と明確に
日時を伝える。
「近々」「朝方までには」は、
相手の信頼を損ね、怒りを招く

「今日からできる、頭のいい伝え方」の二つめのテクニックは「期限を伝えるとき、時間を明確にする」ことです。

やり方は簡単です。

何らかの書類や成果物などを提出しなければならないとき、みなさんは上司や取引先に対し、「明日の朝イチまでに提出します」「今日じゅうにお送りします」といった伝え方をしていませんか？

それを「明日の朝9時までに提出します」「今日の17時までにお送りします」といった伝え方に変えるのです。

「朝方までには」「朝イチで」「午前中に」「今日じゅうに」「しばらく」「近々」といった言葉によって、人が抱くイメージはさまざまであり、それがときには大きなトラブルを引き起こすことがあります。

これは私が、知人から聞いた話です。

あるときその知人が、一人の部下に、プレゼン用の資料を作成するよう命じました。

二日後に必要な資料であったため、すぐにほしいと伝えると、部下からは**「明日の朝イチでお送りします」**との答えが返ってきました。


知人が勤める会社はフレックスタイム制でしたが、知人は毎朝9時前に出社していました。

翌日は、朝の10時から夜まで、打ち合わせや会議、会食の予定がびっしりつまっていましたが、知人は「朝イチに届いていれば、10時までに目を通して修正指示を伝えることができる。それから修正させれば、明後日のプレゼンに間に合うだろう」と思ったそうです。


ところが翌朝、出社した知人がメールをチェックしたところ、資料が届いていませんでした。

その後10時の会議が始まる直前まで、知人はメールをチェックし、部下に電話をかけましたが、資料は届かず、電話もつながりません。

そして2時間後、ランチミーティングの合間をぬって、知人があらためて社員に電話をかけたところ、ようやく部下が出ました。

ところが、「朝イチまでに資料でメールを送ると言っただろう！　まだ届いていないぞ！」と怒鳴った知人に、部下は平然と言ったのです。

「ええ、ですから、朝イチで送りましたよ」

わけがわからないまま、知人は電話を切り、メールをチェックしました。

すると、たしかに資料は届いていたのですが、送信時間は11時でした。

腹を立てた知人が電話で「おい、君が送ったのは11時だろう。どこが朝イチだ！」と責めると、やはり部下は平然と言いました。

「ええ、ですから昨夜できるところまでやり、今朝10時半に出社して、最終調整をし、11時に送りました」

それを聞いた知人は脱力し、「わかった」とだけ言って電話を切りました。

毎朝9時前に出社する知人にとって、朝イチとは9時前後のことでしたが、10時半に出社する部下は、朝イチを「11時くらい」と考えていたのです。

結局、知人は移動中にザッと目を通すしかなく、修正時間も十分にとれなかったため、プレゼンでは苦戦したそうです。

いささか極端な例かもしれませんが、**似たような経験をしたことのある人は多いのではない**でしょうか。

また、みなさんの中には「朝イチ＝9時と思い込んでいた上司も良くない」「部下は、翌日の上司のスケジュールを知らなかったのだから仕方がない」と思う人もいるでしょう。

それもたしかに一理ありますが、どのような理由や事情があろうとも、上司を怒らせたりがっかりさせたりしてしまうことが、部下にとって「損」であることに変わりはありません。

せっかく頑張って資料を完成させたのに、上司に怒られたり評価が下がってしまったりするのは、ちょっともったいないですよね。

しかし、もし部下が最初に、「明日の朝イチでお送りします」ではなく、「明日の11時にお送りします」と伝えていたらどうでしょう。

時間を明確に伝えれば、上司からも**「明日は10時からスケジュールが詰まっているから、できればその前にほしい」**といった、具体的な要望が出たでしょう。

それを聞いた部下が「9時までに完成させるのは難しいです」と言えば、上司も「では、社内会議を少し前倒しして、11時以降にチェックの時間を作ろう」と思うかもしれませんし、「9時の段階で出来上がったところまで部下がいったん送り、上司がチェックし、11時に、部下が残りの部分を送る」という妥協案が生まれたかもしれません。

いずれにせよ、明確に時間を伝えていれば、**上司が「まだ資料がこない」「まだ連絡がつかない」とイライラすることはなくなりますし**、十分なチェックや修正を行う時間を作ることもできたのです。

さらに、常に明確に時間を伝えるようにすることで、仕事の仕方も変わります。

「朝イチ」「午前中」「今日じゅう」「しばらく」といったあいまいな言葉を使う人は、**そもそも時間の感覚自体があいまいで、ダラダラと仕事をしてしまいがち**な傾向がありますが、「9時までに」「12時までに」「17時までに」といった伝え方を心がけるようにすれば、自ずと時間の感覚も研ぎ澄まされていきます。

もしかしたら「**時間を明確に伝え、どうしてもその時間までに間に合わなかったら、かえって信頼を失うのではないか**」と思う人もいるかもしれませんが、その場合は、ある程度見通しが立ったところで、「**資料を9時までに提出するとお伝えしましたが、どうしても間に合いそうにありません**」と伝え、何がどこまでできているか、**今後の**

見通しがどうなのかを報告しましょう。

状況が正確にわかれば、相手はそれに合わせてスケジュールを調整することができます。

時間や状況をあいまいなままにしておくのは、相手の時間をただただ奪い続け、自分に対する信頼を低下させることにしかならないのです。

まとめ

- **時間を正確に伝えられない人は、仕事も不正確になりがち。自分がそうならないように、普段から時間を区切る**
- **相手の時間を奪う報連相は、確実に評価を下げる**

「時間」

「締め切りをあいまいにしない」。
その心がけが、
あなたを「頭のいい人」に見せる

ここで、「時間をあいまいにしてしまう人」について、もう少し踏み込んで考えてみましょう。

時間に対する感覚、時間の使い方は、人によって大きく異なります。

日本人は比較的時間に正確だと評価されがちですが、小さいころから「遅刻しないようにしなさい」と言われて育つせいでしょうか。

私たちは、特に**会社に行く時間、習いごとや趣味のサークルに行く時間、待ち合わせの時間など、「人との約束の時間」については、一生懸命守ろうとする傾向**が強い気がします。

しかし、「人との約束の時間を守る」ことはできても、**自分一人のときの時間の管理が上手にできない人は、案外多い気がします。**

「何時までに仕事や課題を終わらせる」「何時までに店へ行って買い物をする」など、「厳密に守らなくても、誰もチェックせず、他人に迷惑がかからない」「自分の都合で、いくらでもずらせる」時間については、ついついルーズになり、「今日は読みたい本があるから」と仕事や課題を片づけるのを先延ばしにしたり、「今日は雨が降っていて面倒だから」と、買い物に行くのを翌日以降にしたりしてしまうのです。

もちろん、「四六時中、きっちり時間を守らなければ」と思うと息がつまりますし、ときにはルーズに過ごすことも必要でしょう。

ただ、仕事においては、自分一人のときの時間の管理ができないことが、大きなネックになることがしばしばあります。

まず、自分一人のときの時間の管理ができない人は、締め切りや納期などの時間をあいまいにしがちです。

彼らには共通して、以下のような特徴があるといえるでしょう。

- 締め切りギリギリに間に合えばいいと考えがちである
- 自分の持っている仕事が何時間で終わるか、「正確」に把握できていない
- 仕事や物事が、自分の理想通りに進むと思い込んでいる

・スケジュールを立てる際、トラブルが起きたとき、失敗してしまったときの「リカバリー時間」を考慮していない
・初めて取り組む仕事の締め切りを安請け合いしてしまう

彼らがつい期日をあいまいにしてしまう背景には、「時間を明確に伝え、どうしてもその時間までに間に合わなかったら、かえって信頼を失うのではないか」という気持ちと同時に、「自分の自由になる、余白の時間を持っておきたい」という心理があるのです。

また、会議や打ち合わせには毎回欠かさず出席するけれど、いざ会議が始まると、なかなか発言をしない。

発言しても、せいぜい誰かの意見に賛同するか、当たり障りのない発言ばかり。

みなさんの周りに、こういう人はいませんか？

残念ながら、このような人にとっては、会議に出席することが目的になってしまっています。

彼らは「会議で発言し、会議を充実したものにし、結果を出す」ことを目指してはいないのです。

そして、**彼らのスケジュール表には、「会議の時間」は書かれているものの、「会議を有意義なものにするための準備時間」はどこにも書かれていません。**

会議に出席することを目的にしている人は、「会議に出る時間」だけを自分の中に設定しており、「成果を出すこと」を目的とした時間までは設定していないのです。

「会議に向けての準備時間」という「自分一人のときの時間」をおろそかにしたところで、誰もチェックしませんし、準備が不十分でも、当たり障りのない発言やあいづちで、なんとなくその場はごまかせてしまいます。

でも、会議の参加者にとって、もっとも大事なこと、本来やるべきことは、会議で充実した話し合いができ、成果が得られるよう、準備をしっかりと行うことです。

準備をせずに会議に臨む人は、本来果たすべき役割を果たしていないということになります。

「自分は、一人のときの時間の管理がうまくできていない」という自覚がある人は、**まず、誰かに締め切りや納期などを伝える際、約束の時間を明確に伝えるよう、心がけてみてください。**

そうすることで、時間をシビアに意識する癖がつき、自分一人のときの時間も、うまく管理できるようになるはずです。

まとめ

- **自分の時間を管理できれば、周囲を助ける余裕が生まれる**
- **信頼される人は、「いつも時間を守る人」。時間を守らない人は、何事もいい加減だと思われてしまう**

「ジャストアイデア」

会議や打ち合わせでは、
「ジャストアイデアです」と
断りを入れ、練りに練った
アイデアを出すのが、
「頭のいい伝え方」の極意

「今日からできる、頭のいい伝え方」の三つめのテクニックは「会議では、『ジャストアイデア』という言葉をうまく使う」ことです。

たとえば会議やミーティングの場で、あなたがずっと温めていた企画やアイデアを披露(ひろう)する機会が訪れたとします。

その際、**必ず最初に「これはジャストアイデアですが」と一言添える**のです。

どんなに時間をかけて検証を重ね、自信をもって提案できる考えであっても、あまりにも自信満々に、声高に伝えると、相手が「押しつけられている」と思い、不快感を抱いてしまうおそれがあります。

また、「自信のある企画だ」「ずっと温めてきたアイデアである」という前提で話すと、相手は「さぞすごいものが出てくるのではないか」と期待し、身がまえます。

しかし、それが相手の期待するレベルに達していなかった場合、必要以上にがっかりされてしまうかもしれません。

つまり、伝え方一つで、せっかくの企画やアイデアが、正当に評価されない可能性が生じてしまうのです。
大変もったいないことだと思いませんか？

ですから、実際はどうであれ、あなたの考えを披露する際には「これはジャストアイデアですが」の一言によって、「ただの思いつき」に見せかけましょう。
そうすれば、まず**相手の心理的なハードルが下がり、素直に耳を傾けてくれる**ようになります。

企画やアイデアが冷静に、客観的に評価される条件が整うのです。

たとえそのうえで却下されたとしても、ほかの出席者は「ただの思いつき」にすぎないと思っていますから、あなたの評価が大きく下がることはありません。
むしろ**「思いつきのわりにはいいアイデアだった」**と、プラスの評価につながる可能性の方が高いでしょう。

「最初から逃げ道を作るようでみっともない」と思う人もいるかもしれませんが、ビジネスにおいて物事を有利に進めるためには、ときにはこうしたテクニックを使うことも必要だと私は思います。

ただ、みなさんにくれぐれも注意していただきたいこと、心に留めておいていただきたいことがあります。

それは、

「『ジャストアイデアですが』と前置きして発言する人の中には、本当に、その場で思いついたことを話す人もいる」

「会議の場では、ただの思いつきを口にしない方がよい」

ということです。

コンサルタントとしてさまざまなクライアントの会議に出席していると、しばしば、その場で思いついたことを口にし、**会議を混乱させたり、いたずらに長引かせたりする人**を目にします。

もちろん、そうした思いつきの中にも、ときには注目するべきもの、状況を打破する爆発力を秘めたものもあります。

しかし多くの場合、根拠や裏付けのない思いつきは、事態の混乱を招いたり、尻すぼみに終わったりしがちであり、**思いつきばかりを発言する人は、徐々に信頼を失い、その言葉に真剣に耳を傾ける人はいなくなります。**

出席した会議に、「ジャストアイデアですが」と前置きして話し始める人がいたら、それが練りに練った末のアイデアなのか、本当に単なる思いつきなのか、慎重に見極めるようにしましょう。

また、みなさんは決して、その場で思いついただけの考えやアイデアを口にしないでください。

ただの思いつきを口にするくらいなら、何も言わずにいた方が、結局は信頼を損なわずにすみます。

もし意見を求められたときに、具体的な考えが浮かばなければ、

「今はアイデアがないのですが、××という方向はどうでしょう」

といった具合に、できるだけ提案型の発言をしておくとよいかもしれません。

まとめ

- **思いつきと「ジャストアイデア」はまったくの別もの**
- **自分なりに考えたアイデアなら、自信を持って話す**
- **練っていないアイデアを語ると、周囲は混乱する**

「ジャストアイデア」

アイデアの出し方はカンタン！
慣れさえすれば、誰にでもできる

しかし、いくら伝え方を工夫しても、相手が聞きたくなるようなアイデア自体が出せなければ、あまり意味がありませんよね。

ですからここでは、「伝え方」についてのお話をいったんお休みして、私がたくさんのクライアントと接する中で見つけた「アイデアを生み出す方法」を、みなさんにお伝えしたいと思います。

これが、もっとも良いやり方かどうかはわかりませんが、「アイデアがなかなか浮かばない」と悩んでいる方は、ぜひ試してみてください。

まず**認識していただきたいのは、「『アイデア』というのは、特別優れたものではない」ということです。**

特別な才能がなければ、特別な努力をしなければ、誰もが素晴らしいと思うようなアイデアを生み出すことはできない。

もしあなたがそのように思っているなら、すぐにその考えを捨てましょう。

世の中でもてはやされるアイデアは、それほど特別なものではありません。
むしろ、誰でも思いつくことが可能な、シンプルで他愛のないものが多いのです。

では、そうしたアイデアを出すにはどうすればいいのか。

答えは簡単です。

ただ、「いろいろな情報をインプットする」だけでいいのです。

アイデアというのは、自分の頭の中で、ゼロからひねり出すものではありません。
実は「インプットした情報を適切に整理する」ことから生まれるものです。

なんらかのアイデアを出さなければならず、考え始めてはみたものの、パソコンの前でうなり続けても、気分転換に散歩に行ってみても、何も浮かばず、時間だけが過ぎていく……という経験は、おそらく誰にでもあると思いますが、**「アイデアが浮かばない」というのは、「必要な情報が足りていない」状態です。**

その状態で、いくらワードやパワーポイントを開き、真っ白な画面を前にうなっても、散歩をして頭を整理しようとしても、何も生まれません。

そもそも、アイデアを生み出すための材料が足りていないからです。

材料がない状態で、必死にアイデアめいたものをひねり出そうとしても、たいていは「どこかで見たようなもの」「やっつけ感があるもの」しか生まれません。


どうしてもアイデアが浮かばない。

そんなときは、いったん考えるのをやめ、街なかに出かけて、あるいは書店に並ぶ本やインターネットの検索結果を眺めて、参考になりそうな他社の商品やサービス、関連する情報などを、ひたすらインプットしましょう。

ある程度、頭の中に情報が蓄積されたら、手書きのメモにまとめるなどして、それらを整理します。

すると突然、蓄えた情報同士がつながり、思いもよらないアイデアが生まれることがあります。


そして、この**「アイデアが出るまで、ひたすらインプットを続け、整理する」**というプロセスを繰り返していると、ある時期から、瞬間的にアイデアが浮かぶようになります。

それにより、課題解決にかかっていた時間が、3日から1日に、1時間に、10分に……と、どんどん短くなっていくはずです。

なお、情報をインプットする際に、心がけていただきたいポイントがあります。

それは、**「情報を単語にしておくこと」**です。

たとえば、「A社の飲み物は、商品名を見ただけで、味わいがさわやかであることがわかる」という情報なら**「さわやかなキャッチーさ」**、「最近、学習参考書や子ども向けの本が大ヒットしている。大人でも楽しんで読むことができ、学びがある」という情報なら**「親子向け、学び直し」**といった具合に単語化するのです。

このように、単語化して頭の中に入れておけば、**単語を思い出すだけで、背景や前後の情報を思い出しやすくなりますし、インプットした単語を組み合わせていくこと**

で、新しいアイデアも生まれやすくなります。

ためしに、先ほど例に挙げた二つを組み合わせてみましょう。
「さわやかなキャッチーさを持つ親子の学び直し」、または「さわやかな気持ちになれる、親子の学び直し」。

どうでしょう。
バラバラだったものを組み合わせるだけでも、何か新しいものが生まれそうな気がしませんか？

まとめ

- **情報のインプットと整理こそが、アイデアを生む**
- **インプットした情報を単語化しておくことで、新たなアイデアが生まれやすくなる**

第2章

簡略化と細分化で、相手からの信頼を勝ち取る！

「簡略化」×「細分化」。
単純でも、これができている
職場や人は意外と少ない

第一章では、「説明するとき」「期限を伝えるとき」「会議に出席したとき」に使える、「今日からできる、頭のいい伝え方」の三つのテクニックについてお話ししましたが、**第二章ではさらに重要な二つのテクニック、「簡略化」と「細分化」**をご紹介します。

・簡略化＝人から説明を受けたときは、説明された内容を簡略化して（要点を整理して）、相手に伝える。

・細分化＝人に質問されたときは、質問された内容を細分化して（できるだけ細かく分けて）、相手に伝える。

いずれも、相手から説明されたり質問されたりした内容を、自分の中で整理したうえで、相手に伝える方法です。

一見難しそうですが、この二つを心がけると、仕事や人とのコミュニケーションが、驚くほどスムーズに運ぶようになります。

みなさんは仕事や日常生活において、次のような失敗をしたことはありませんか？

・上司から、少々込み入った指示を受けた。**わかりにくい部分があったものの、とりあえず作業を進めてみた結果、上司の考えと自分の解釈に食い違いがあった**ことが判明。それまでの作業がすべて無駄になった。

・仕事から帰ると、妻が、子どもの幼稚園についての話を始めた。要領を得ない話だったので、途中から生返事を繰り返してしまったのだが、妻が言いたかったのは、「父母参加の行事があるから、土曜日、あけておいてね」ということだったらしい。**後でそれがわかり、スケジュール調整が大変だった。**

・友人と買い物に行った。友人がいくつかの服を手に取り、「どう思う？」と尋ねてきたので、「うん、いいんじゃない？」と答えると、「『こっちよりそっちの方がいい』とか『この色は似合そうだよね』とか、**もっと具体的な意見がほしいのに」と怒られた。**

こうした失敗は、いずれも、「会話の中で、伝えるべき内容の明確な言語化や、イメージの共有ができていない」ために生じます。

しかし、簡略化と細分化のテクニックを身につければ、コミュニケーションにおける行き違いを防ぐことができます。

その結果、**仕事などの無駄を省き、作業時間や労力を大幅に短縮できると同時に、失敗を防ぎ、相手の信頼を得ることもできる**ようになります。

ぜひ、次ページからの説明を参考に、マスターしてみてください。

まとめ

- **簡略化と細分化を身につければ、時間やエネルギーを有効活用でき、人からの信頼を得られるようになる**

「簡略化」×「細分化」

「要は〜ですね」と簡略化すれば、
「結局、何が言いたいの？」と
言われなくなる

それではまず、簡略化について、詳しく説明しましょう。

講演やスピーチ、プレゼンなど、人前である程度まとまった内容を話さなければならないとき、多くの人は事前に、入念な準備を行うはずです。

伝えるべきことを箇条書きにし、ときには原稿をつくり、聴く人が内容がきちんと理解できるよう心を砕く（くだ）のではないでしょうか。

しかし、そうした「特別な場」以外では、人の話はかなりとっちらかっています。

みなさんも一度、スマートフォンやICレコーダーなどで、ためしに、家族や友人との日常会話を録音してみましょう。

自分では「普通に、相手に伝わりやすいように話していた」つもりでも、後で聞いてみると、**意外と話があちこちに飛んでいたり、余計な言葉や説明がたくさん挟まっていたり**、相手からの質問に答えているうちに話がどんどん脱線していたりするのではないでしょうか。

そのため、ビジネスシーンにおいて、部下が上司から仕事の進め方について説明を受けたとき、あるいは上司が部下から仕事に関する報告を受けたとき、**説明過多であったり、要領を得なかったりして、いま一つ内容がよくわからない**、ということがよくあります。

そして、説明を受けた側が、「話し手が伝えたがっていること」を誤って解釈したり、わからない部分をそのままにしておいたりすると、行き違いが生じ、ときには大きな失敗やトラブルのもととなります。

そこで必要になってくるのが、簡略化です。

説明を受けたとき、相手が何を伝えようとしているかを考え、要点を簡潔にまとめて、相手に伝えるのです。

相手の説明をきちんと簡略化し、伝えることとは、「話し手が伝えたかった情報を、聞き手が鮮明にイメージ化してあげること」であるといえます。

これによって、話し手と聞き手が同じイメージを共有できるようになるため、誤解や行き違いが起こりにくくなるのです。

なお、**「相手が伝えようとしている内容の要点を考え、まとめる」**という簡略化の作業には、第一章でお話しした、「要するに？」という問いかけを用いたトレーニングが、役に立つはずです。

また、簡略化の例を96ページ以降に挙げたので、それらも参考にしつつ、実践してみてください。

まとめ

- **長い話は、要点があいまいになる**
- **余計な言葉や説明を排除して、要点を明らかにできれば、人に「重宝」される**

「簡略化」×「細分化」

上司の言葉は、必ず細分化！
指示ミス、伝達漏れが
劇的に減り、評価があがる！

次に、細分化について説明しましょう。

たとえばあなたが、上司から、取引先との打ち合わせに使用する、説明資料の作成を命じられたとします。

数日後、全体の50％ほど作成し終わったところで、上司から「例の資料作成、進んでる?」と尋ねられました。

その質問に対するもっとも「頭のいい」回答は、次のうちどれだと思いますか?

①「はい、進んでいます」と答える。
②「まだ終わっていません」と答える。
③「企画概要(がいよう)や商品説明、スケジュールに関するページは作成し終えましたが、裏付けとなるデータがまだ全部揃(そろ)っていません」と答える。

いうまでもなく、③が、もっとも望ましい答えです。

なぜなら、③のような答えであれば、上司が作業の進み具合を正確に把握できるからです。

①や②のような答えだと、上司は、「全体の10％程度しかできあがっていない」と考えるかもしれないし、「全体の80％程度までできあがっている」と考えるかもしれません。

そうした**思い込みや解釈の違いが、思わぬ失敗やトラブルの種になったり、無駄な作業を増やす**ことになったりすることが少なくないのです。

なお、コンサルティングの現場で、私たちはクライアントから「このプロジェクトの問題はどこにありますか？」といった質問を受けることがよくあるのですが、ただ「××のプロセスに問題があります」などと答えるだけでは、もちろん不十分です。「××のプロセス」といっても、その中はいくつもの段階に細かく分かれているのが普通であり、こうした質問を受けた際には、

「××のプロセスの、第3段階と第4段階の間に、△△に関する問題があります」

といった具合に、できるだけ細分化して答える必要があるのです。

このように、質問を受けたときには、特に質問内容が漠然としていたり大ざっぱであったりすればするほど、細分化して答えた方がよいでしょう。

漠然とした相手の質問をできるだけ細分化したうえで答えることとは、やはり**「相手が知りたかった情報を、鮮明にイメージ化してあげること」**であり、そのイメージを共有することで、両者の間に誤解や行き違いが生じにくくなります。

細分化の例についても、104ページ以降に挙げたので、参考にしてみてください。

さて、ここで、ついでにお話ししておきたいことがあります。

それは「何かをちゃんと伝えなければならないとき、決して、これ、それ、あれ、どれ、といった**『こそあど言葉』を使ってはいけない**」ということです。

会社の同僚同士や家族間、友人間などで、

「あの資料作っといて」「わかりました」
「それ取って」「はい」

といったやりとりが交わされることが、しばしばあります。

気心が知れた者同士、以心伝心で、相手が何を指して「あれ」「それ」といっているのかわかることももちろんありますが、言われた方が「あれって何ですか？」「それって何？」と聞き返さなければならないことも少なくありません。

相手にそのような手間をかけさせる伝え方は、あまり「頭がいい」とはいえません。

また、家庭の食卓などで「それ取って」と言われて、間違ったものを手渡したりする程度なら、笑い話ですみますが、会社で上司に「あの資料作っといて」と言われた部下が、まったく違う資料を作ってしまったりしたら、無駄な時間と労力を費やすことになりますし、大きなトラブルにもなりかねません。

誤解や行き違いが発生しないよう、できるだけ物事を正確に伝える努力をする。

それこそが「頭のいい伝え方」の基本の一つであると、私は思います。

そのためにも、極力「こそあど言葉」は使わないよう、心がけましょう。

まとめ

- **質問されたときは、できるだけ細分化して答える**
- **相手がすぐに理解できないような話ばかりすると、相手は真剣に話を聞いてくれなくなる**

「簡略化」×「細分化」

「今の説明わかりやすい！」と
喜ばれた分だけ、
あなたの信頼は増し、
人が動いてくれるようになる

さて、簡略化と細分化の具体例をお伝えする前に、これらがもたらすメリットについて、もう少し掘り下げて考えてみましょう。

すでにお話ししたように、簡略化と細分化はいずれも、「聞き手が、話し手の説明や質問の内容を整理し、鮮明にイメージ化してあげる」作業です。

そのイメージを話し手と聞き手が共有することで、両者の間に誤解や行き違い、トラブルなどが生じにくくなるわけです。

しかし簡略化と細分化には、もう一つ大きなメリットがあります。

それは、

「話し手が、聞き手に信頼を寄せるようになる」

というものです。

人は、**モヤモヤしていた自分の頭の中を整理し、すっきりとさせてくれた相手を頼りにする傾向**があります。

みなさんも、誰かに愚痴や悩みを聞いてもらうことで、考えが整理されたり、気持ちがすっきりしたことはありませんか？

そんなとき、話を聞いてくれた相手に対し、「頼りになる」「信頼できる」という印象を抱きませんでしたか？

同様に、簡略化や細分化によって、相手が考えていたこと、相手が知りたがっていたことを整理して伝えてあげることができれば、その人は相手からの信頼を勝ち取ることができるはずです。

なお、私たちコンサルタントは、クライアントから「自分がこれから話すことを、そのまま資料としてまとめてほしい」と依頼されることがしばしばあります。

その際、先方が話した内容をそのまままとめても、ただ「わかりにくい」と言われるだけですが、**簡略化と細分化を繰り返し行って資料を作成すると、必ず喜んでいた**

だけますし、そうした積み重ねが、仕事の継続や受注にもつながっていきます。

「頭のいい伝え方」ができるようになることは、人の頭の中を整理し、頼られる人になることです。

そしてみなさんにはぜひ、そのような存在になっていただきたいと、私は思っています。

まとめ

- **簡略化で、問題を整理し、細分化で、問題を浮き彫りにする。この積み重ねが、あなたの信頼を形成する**

「簡略化」「細分化」「話せば話すだけ残念な人」の実例

簡略化①

[説明]

新しい健康食品の企画ですが、
プロモーション含め、粗食、断食、
ダイエットなどの切り口はありますが、
60代以上の要望も含めて考えたときに、
ダイエットは共感されにくい気がします。
今の60代は活動的ですし、
長生きすることを考えると……。

［返事］

つまり、60代向けの新しい食習慣を
提案するってことだよね。

簡略化②

[説明]

銀行側は、これ以上の長期の融資は
難しいと言っています。
しかし、手をこまねいていると
非常事態になりますので、良い案はないか、
広く意見を集めていますが、
外の力を借りてはどうかという
意見もあり……。

［第三者による再提案］

つまり、業績回復に向けた
資本提携先のご提案です

簡略化③

[説明]

A「今度、発売する新商品なんですが、
社内ではとても評判で、
おすすめなんです！」
B「どこがおすすめなんですか？」
A「季節感があるし、しっとりするし、
こんな商品は他にないので、
イチオシです！」

[返事]

B「なるほど。
冬の乾燥に悩む女性向けの、
肌がうるおう化粧品なんですね」

話せば話すだけ残念な人①

「とある企業の資本提携先を探している会議」にて

A：「たとえば、ゲーム会社とかありなのでは？」

B：（なんで？）

A：「エンタメと相性良い感じがしますし」

B：（ホント？）

A：「先々、ゲームのスピンオフのライブなんかも考えられますし」

B：（それ以外に売上伸ばせることがあるのでは？）

A：「あの会社の社長、新聞でエンタメ好きと書かれていました」

B：（だから？）

コメント

本質的な問題点を考えず、自分の言いたいことを話しているだけ。

そもそも、すべてが思いつきの発言になっているのがわかります

細分化①

［質問］

プレゼンの準備、終わった？

［答え］

現在、プレゼン資料を制作し終え、
社内の最終チェックを受けております。
明日の17時までに今後のスケジュール、
および進行の流れをお送りしますので、
今後とも何卒よろしくお願いいたします！

細分化②

［質問］

あの仕事、どうなった？

［答え］

営業部内での打ち合わせは完了し、
各店舗へ発送する資料を作成しています。
資料は木村さんと山西さんが担当しており、
10日にメールでご報告できる予定です。
商品につける付録は、よいアイデアが出ず、
一度、ご相談のお時間を頂ければと思います。

細分化③

［質問］

どこか旅行に行きたくない？

［答え］

どんな感じの旅行がいい？
近場の温泉に一泊するか、
遠出してゆっくり滞在するか。
もしくは、君が行きたがっていた旅館、
予約できるか見てみようか？

話せば話すだけ残念な人②

A「資料、明日までだけど終わった？」

B「だいたい終わったので大丈夫です」

コメント

え？　本当に明日の会議に間に合う？　本当にできてる？

本人ができたと思っていても、できていないこともあるのでは？

と心配になりますね

A「約束の時間を過ぎてるけど、大丈夫？」
B「すぐやります」

コメント

非常に、不安になります。約束を覚えていたのか、やる気があったのか、漏れはないのか、今からで間に合うのか、いろいろなことが頭をよぎる返答です

第3章

「頭の悪い伝え方」をする人は、隠れトラブルメーカー？

「頭の悪い伝え方」をする人に
要注意！
残念な結果を招く
「隠れトラブルメーカー」と心得よ

世の中には、残念ながら、「頭の悪い伝え方」をしてしまっている人が少なからずいます。

なお、私は**「頭の悪い伝え方」には、次のような特徴がある**と考えています。

・その人が話している内容に、**聞き手が興味を持つことができない**

・その人が話している内容が、**聞き手にうまく伝わらない**（わかりづらい、あいまいで誤解や勘違いを生みやすい、「要するに」がまとめになっておらず、「たとえば」が適切な例になっていない）

・その人の伝え方や話している内容に、**聞き手が不快感や抵抗感を抱いてしまう**

つまり、「頭の悪い伝え方」とは、基本的には**「客観性や論理性を欠き、相手のことを考えていない伝え方」**であるといえるでしょう。

もっとも、一口に「頭の悪い伝え方」といっても、その内容や程度、周りの人に与える影響の大きさはさまざまです。

「頭の悪い伝え方」をしてしまう理由も、人によって異なるでしょう。

真面目で仕事熱心で、発想力や向上心、「人に自分の考えなどをきちんと伝えたい」という思いもあるものの、**不器用さや経験不足**、「相手の興味をひきながら、わかりやすく伝える」という**テクニックの足りなさゆえに、損をしている人**もいます。

こういう人は、本書で紹介しているようなテクニックを身につけ、ある程度経験を重ねることで、「伝え方」がうまくなる可能性が十分にあります。

一方で、

- **相手の立場になって考えることができない**
- **自分の考えに執着（しゅうちゃく）している**
- **都合の悪いことをごまかそうとする**

といった理由から、「頭の悪い伝え方」をしてしまっている人もいます。

このようなタイプの人には、なかなか伝える能力の向上は望めませんし、上司や部下、家族などにこうした人がいる場合、トラブルが起きやすくなります。

話し手が考えている内容、伝えたいと思っている内容と、聞き手が受け取る内容に齟齬(そご)が生じやすいからです。

さらに、こうした人は、人からの好意や協力をなかなか得ることができません。

そのため、**仕事においてもプライベートにおいても、物事がなかなかスムーズに進まず、信頼を失い、「話せば話すほど残念な結果になってしまう」**のです。

第三章では、こうした人たちの見分け方や「伝え方」の特徴、みなさんが彼らに何かを伝えたいときにどうすればいいかを、タイプ別にお話ししたいと思います。

まとめ

- **話せば話すほど残念な結果になる人の中には、なかなか伝える能力が向上しない人もいる**
- **隠れトラブルメーカーを見抜き、適切な対処を**

「自分が話したいことを
話すだけの人」
「相手の立場になって
考えられない人」には、
適度に距離を置いて対処する

最初に、「相手の立場になって考えることができない人」についてお話しします。

このタイプの人の伝え方には、次のような特徴があります。

・前置きで相手の関心の度合いを探ったり、途中で相手の様子や理解度を確認したりすることなく、**ひたすら自分の言いたいこと、「言わなきゃいけない」と思っていることだけを話す**

・話にタイトルをつけたり、「ちょい出し」をしたりといった工夫をせず、**ゴールやテーマの見えない話を延々と続ける**

・**構成や順序がめちゃくちゃ**で、こそあど言葉や専門用語などを多用しており、**話の内容がわかりにくい**

商品に興味を持たせる工夫もせず、よくわからない専門用語を使いながら、長々と商品の説明を続けるセールスマン。

何人かで楽しく会話をしているときに、流れを無視して、自分のしたい話ばかりする友人。

「この間のあれ、どうなった？」「そうそう、あの資料作っておいて」など、わかりにくい指示ばかり出す上司。

あなたの周りにも、こうした人がいるのではないでしょうか。

会話においても、スピーチやプレゼンにおいても、人が何かを伝えようとするとき、「いかに相手の興味をひき、それを持続させるか」「いかに相手がストレスなく話を聞くことができるようにするか」は非常に重要です。

「頭のいい伝え方」のテクニックを応用し、それが実現できれば、聞き手や聴衆は心を開き、話を聞いてくれるはずです。

ところが、「相手の立場になって考えることができない人」の伝え方は、これとは真逆です。

「こんな話をしたら、相手はどう思うだろう」「この伝え方で、相手にわかるだろうか」といった想像ができないため、興味を持ってもらえる伝え方、わかりやすく、ストレスや誤解が生じにくい伝え方ができないのです。

まったく興味が持てず、テーマやゴールも見えないわかりにくい話を聞かされるのは、聞き手にとっては苦痛以外の何ものでもありません。

内容を理解してもらうことはまず不可能ですし、その時間が長ければ長いほど、聞き手の苦痛は増し、話し手の印象は悪くなるでしょう。

まさに「話せば話すほど、残念な結果になる」状態です。

このタイプの人が同僚や取引先、友人、家族などにいると、**周りの人は「自分の時間を奪われている」**と思うことが多くなります。

また、話の内容が明確でないこと、理解できないことが多いため、勘違いや行き違いによる失敗、トラブルも増えるでしょう。

もっとも、「相手の立場になって考えることができない人」の中には、「人と話すことに苦手意識をもっている」「話している相手との人間関係が、まだできあがっていない」「その環境（職場、学校など）にまだなじめていない」といった理由から、自分のことでいっぱいいっぱいになってしまい、相手のことを考えられない人もいます。

その場合は、伝え方のテクニックを身につけること、話している相手や環境になじむことで、気持ちに余裕ができ、相手の立場になって物事を伝えることができるようになるでしょう。

あるいは**「自分の伝え方が相手を困らせている」ということに、本人が気づいていない**可能性もあります。

この場合は、人から指摘されることで反省し、伝え方を改善できるかもしれません。

しかし一方で、**「そもそも相手の立場になって考える」という発想自体がない人、**人の気持ちを推しはかることができない人もいます。

残念ながら、そのような人が「頭のいい伝え方」を身につけるのは、少々難しいかもしれません。

そして、もしあなたの周りにそのような人がいる場合は、**うまく相手の話を切り上げることも必要**です。

そうしなければ、**あなたの貴重な時間を、興味がなく、要領を得ない話を聞くことに費やすことになってしまう**からです。

ただしその場合は、「その話については、また後日、ぜひお聞かせください」「今、10分しか時間がないのですが、よろしいでしょうか」といった具合に、やんわりと、かつ明確にあなたの意思を伝えるようにしましょう。

まとめ

- **「相手の立場になって考える」という発想がない人の興味の持てない長い話はうまく切り上げ、自分の時間を大切にする**

部下、家族、友人に無駄な仕事や
作業をさせて反省しない。
あなたの周りに、
そういう人はいませんか？

次に、「自分の考えに執着している人」についてお話しします。

このタイプの人の伝え方も、基本的には「相手の立場になって考えることができない人」と同様ですが、ほかに次のような特徴が見られます。

・「私はこう思います」といった言葉を根拠なく多用する
・自分の考えや発言の正当性ばかりを主張し、ほかの意見を受け入れようとしない
・うまくいかないことを、すべて人のせいにする

おそらくみなさんの周りにもいるのではないでしょうか。

誰がみても正しいとは思えない意見や穴だらけの考えを、自信満々にゴリ押しする人、ほかの人の発言を頭ごなしに否定する人、何があっても、決して自分の非を認めようとしない人……。

こういう人はプライドが高く、周りの人の意見を聞いたり、自分の考えを客観的に検証したりすることができず、自分の思い込みだけで突っ走るので、やはり失敗しがち、トラブルに巻き込まれがちです。

さらに、伝え方が押しつけがましかったり、説得力に欠けたりすることが多いため、なかなか人に考えを受け入れてもらえず、人が自発的に動いてくれないため、物事がスムーズに進みません。

ところが、そうした自分の言動や伝え方が原因でトラブルが発生しても、反省せず他人のせいにしてしまうため、いつまでたっても成長しないのです。

そしてこのタイプの人は、周りの人を疲弊(ひへい)させます。

自分の意見を決して曲げず、不毛な議論に巻き込んだり、自分の勝手な思い込みで、部下、家族、友人などに無駄な仕事や作業をさせたりするからです。

こういう人とは、建設的なコミュニケーションがなかなか成立しません。

「話せばわかってくれるはず」「いつか理解しあえる日が訪れるはず」と期待し、会話を積み重ねたり、理論的に説得を試みたり、気づきを促したりしても、徒労に終わることが多いでしょう。

「この人とは話が通じない」と思ったら、深入りせず、距離を置いて接する。

人生を有意義に過ごすためには、ときにはそうした決断も必要です。

まとめ

- **反省せず、他人のせいにする。反省したふりをする。そういう人に出会ったら、こちらが疲弊するだけなので、なるべく距離を置くよう心がける**

「頭の悪い伝え方」をする人の
報告には、
たいてい「小さな嘘」が
含まれている

最後に、「都合の悪いことをごまかそうとする人」についてお話ししましょう。

「頭の悪い伝え方」をする人の中には、**都合の悪いことをごまかそうという気持ちが強く、それが伝える内容のあいまいさ、わかりにくさにつながっている人**がいます。

上司やクライアントから指示された仕事が、スケジュールから大幅に遅れてしまい、進捗を確認された際、正直に言うと怒られそうな気がして、ついあいまいにごまかしたり、嘘をついたりしてしまった。

よく知らないこと、わからないことについて説明を求められ、適当に話して、相手を煙に巻いてしまった。

そんな経験のある人は、意外と多いのではないでしょうか。

もちろん人間ですから、嘘をついたりごまかしたりすることも多少はあるでしょう。

しかしときには、そうした嘘やごまかしが、大きなトラブルの原因になってしまうこともあります。

先に挙げた例でいえば、上司やクライアントにあいまいな、もしくは嘘の報告をしたために、かえって窮地(きゅうち)に追い込まれたり、後で嘘がばれて大騒ぎになったりするおそれがあります。

それよりは、たとえ一時的に怒られたとしても、**進捗がどれだけ遅れているか、何に困っているかを早めに明確に伝え、早めに指示や協力をあおいだ方が、被害を拡大させずにすむ**はずです。

また、よく知らないこと、わからないことについて無理に説明し、相手を混乱させるよりは、正直に「知らない」「わからない」と答えた方が、かえって信頼されるかもしれません。

ところで、世の中には、**「都合のわるいことをごまかすために、小さな嘘を交えた報告をする」**ことが、癖のようになってしまっている人もいます。

そうした人が身の周りにいる場合、思わぬトラブルに巻き込まれてしまうおそれがあります。

特に、部下や共同作業者がそうしたタイプであれば、「作業の締め切りを前倒しで伝える」「締め切りの日時を明確に指定する」「進捗は、できるだけ具体的に報告させる」といった工夫をすることで、トラブルを未然に防ぐことができるかもしれません。

なお、誰かが報告してきた内容、伝えてきた内容が「あいまいでよくわからない」と感じた場合は、そのままにしておかず、**再度同じ説明をしてもらいましょう。**

そうすることで、**相手自身にもよくわかっていない部分、ごまかしている部分などが見えてくる**はずです。

まとめ

- **人は自己保身から「小さな嘘」をつく。**
  もし、「おかしいな」と思ったら、
  相手にとって都合が悪いところを、あえて訊いてみよう

第4章

「頭のいい伝え方」は、人生で得をする最高のメソッド

「頭のいい伝え方」ができれば、
信頼も人も自然と集まり、
楽しく豊かな人生を
送ることができる

第一章と第二章では、「頭のいい伝え方」について、「ちょい出し」「時間」「ジャストアイデア」「簡略化」「細分化」の五つのポイントにしぼってお話ししました。

これらを身につければ、

- **相手がストレスを感じず、興味を持って自分の話を聞いてくれる**
- **誤解や行き違いが生じにくくなり、失敗したりトラブルに巻き込まれたりすることが減る**
- **相手に信頼されるようになる**

といった効果が得られ、さらに次のようなメリットが得られるはずです。

まず、人に伝える前に、自分の中で考えを整理する癖がつくため、**自分が目指すゴール、自分が求めるものが、よりクリアになります。**

また、時間に対する感覚が変わると同時に、回り道をしたり、無駄な作業をしたりすることも減ります。

つまり、**物事をスムーズに進めることができるようになり、有意義に使える時間とエネルギーを増やす**ことができます。

しかし、**「頭のいい伝え方」によって得られる最大のメリット**は、なんといっても「人」、すなわち**「人に愛されること」「人が集まってくるようになること」「人が進んで動いてくれるようになること」**だといえるでしょう。

言っていることがわかりやすく、聞き手への思いやりが感じられ、話していて不愉快になることがなく、ストレスを感じない。

それどころか、自分の考えが整理され、楽しい気持ちになる。

そんな人が周りにいたら、どうでしょう。

きっとみなさんも、「その人と一緒にいたい」という気持ちになるはずです。

もしそれが上司や部下なら「その人のために頑張ろう」「その人を支えよう」と思うでしょうし、その人が困っていたら、「助けてあげたい」と思うのではないでしょうか。

そして、**人が周りに集まれば、人生は大きく変わります。**

人が、一人でできることには限界がありますが、助けてくれる人、自分のために動いてくれる人がいれば、その分、できることが増え、可能性が広がるからです。

私が、それを身を持って知ったのは、最初に勤めた広告代理店を辞め、あるベンチャー企業で働いていたときでした。

広告代理店で、私は営業マンとして、コピーライターやデザイナーといったクリエイターたちと一緒に、広告を作っていました。

そうした中で、私は「人を尊重し、活かしながら、自分のやりたいことを目指していく」ことに喜びを覚えるようになり、異動で広告作りの現場を離れることになったのを機に、「新たなフィールドで、人を活かす仕事をしたい」と転職を決意しました。

ところが、転職先のベンチャー企業は、慢性的な人材不足に陥っていました。

しかも、社員たちは「個人商店の寄り集まり」のような状態であり、私が入社したころは、社員同士で会話どころか、挨拶すらほとんど交わされていませんでした。

ほかの社員同様、私もすぐに、一人で営業やコンサルティング、システムの企画、本の執筆などを行うようになったのですが、どれほど時間を費やし、何日徹夜しても、一つ一つの仕事が、終わらず、しかも納得のいくレベルに達することができません。

行き詰まった私は、周囲の人たちに積極的に働きかけることにしました。

自分から挨拶をし、わからないことがあればどんどん質問し、何かを教えてもらったり、手助けしてもらったりしたら、感謝の気持ちを伝えるようにしたのです。

その結果、いろいろなことがスムーズに進むようになり、ようやく仕事において、納得のいく成果が出せるようになりました。

さらに、社内に少しずつ、社員同士で助け合う空気が生まれ、会社全体の仕事の幅も広がっていきました。

当時、私に「頭のいい伝え方」ができていたかどうかは、正直言ってわかりません。

でも、「一人で頑張るのではなく、同じ会社で働く人たちと、力を合わせていい仕事をしたい」という気持ちだけは、周りの人たちにきちんと伝わったのではないかと思います。

大切な友人や協力者が増え、助け合うことができれば、人生はより豊かで楽しいものになります。

そのための手段として、みなさんにぜひ「頭のいい伝え方」を役立てていただきたいと、私は思っています。

まとめ

- **「頭のいい伝え方」は、あなたに、整理された考え、生産的な時間、そして「人」、つまり「楽しく豊かな人生」をもたらしてくれる**

仕事も人生も、
キーパーソンを見分けることが
成功への近道

ここでもう一つ、みなさんに重要なことをお話ししたいと思います。

「伝える相手を選ぶこと」の重要性について、です。

たとえば、あなたが「自分が現在手がけている仕事に、多くの予算を回してもらいたい」と思ったとします。

同じ部署の人たちが、それぞれ「自分の仕事に予算を回してほしい」と考えている中、誰に要望を伝えれば、あなたの仕事に予算を回してもらえる可能性が高くなるでしょうか。

答えは簡単ですね。

この場合、予算配分に関する決定権を持っている上司が、要望を伝えるべき相手となります。

どんな職場でも、どんな会議や打ち合わせでも、あるいは町内会やＰＴＡ、家族などでも、人が集まれば、必ずその中に一人は「鍵を握る人物」、つまりキーパーソンがいます。

自分の仕事をスムーズに進めるうえで、誰がキーパーソンであるかを見抜き、その人にきちんと情報を伝えることは、非常に重要です。

会社において出世の早い人は、たいてい、キーパーソンを素早く見極め、その相手に自分を売り込み、結果を出し、評価を勝ち取っているはずです。

逆に、キーパーソンに、必要な情報をきちんと伝えることができなければ、物事がうまくいかなかったり、停滞したりすることが多くなります。

先ほどの例で言えば、「予算配分におけるキーパーソン」にあたる上司に対し、「予算を回してほしい」と訴えることもせず、「予算を回したくなるようなプレゼン」もしない人、「××さん、全然、俺の仕事に予算回してくれないんだよね」「あいつばかり予算を回してもらって、ずるい」などと愚痴(ぐち)ってばかりいる人に十分な予算が回されることは、まずないでしょう。

自分からきちんと情報を伝えない限り、上司は「あいつは何も言ってこないから、別に予算を必要としていないんだろう」と判断するでしょうし、「どんな仕事の進め方をしているのか、よくわからない」「報告が少なく、不安」などと思っている可能性すらあります。

「大切な人に、大切なことをきちんと伝える」という努力を怠る（おこた）と、結局、自分が損をすることになってしまうのです。

しかし、ここでみなさんに気をつけていただきたいのが、「世の中には、キーパーソンとは逆に、『情報を伝えなくていい人』『情報を伝えない方がいい人』もいる」ということです。

私の経験からすると、「役職などについていて、会議の場では声が大きく、人にはさまざまな注文をつけるものの、自分では何もせず、責任もとらない人」「具体案を示されても、**漠然とした感想を述べるだけで、何ら具体的な意見やアイデアを返してこない人」などは、「情報を伝えなくていい人」である可能性が高い**といえるでしょう。

このタイプの人は、プロジェクトの本質や正確な状況、問題点を理解していないことが多く、それらについてきちんと伝え、理解してもらおうと思うと、大変な労力と時間を必要とします。

疲弊してしまうのを避けるためにも、「すべてをきちんと理解してもらわなければ」などとは考えず、ときには**「一通りの説明や報告をした、という事実だけを残せばいい」と割り切った方がいい**かもしれません。

ちなみに私もかつて、あるクライアントで、「情報を伝えなくていい人」に遭遇したことがあります。

そのクライアントは当時、極度の業績不振に陥っていました。

私は、同僚とともに再建までの道筋を必死で考え、業務の一部売却や資本提携先を提案したのですが、クライアントの役員の中に、何を言っても怒り、怒鳴るばかりの方がいたのです。

最初のうち、私は「プランの内容や意義がきちんと伝わりさえすれば、きっと賛成していただけるに違いない」と考え、その役員の方への説明に、かなりの時間と労力を費やしました。

ところが彼はまったく聞く耳を持とうとはせず、「そんなプランは受け入れられない」と頭ごなしに反対するばかり。

それを何度か繰り返すうちに、私は**「この人に正確な情報を伝え、理解してもらう必要はないのかもしれない」「怒っても、ほっておけばいいのだ」**と思うようになりました。

たしかに彼は、役員という重要なポジションについていましたが、企業再建におけるキーパーソンではなかったからです。

そして、その役員への説得をやめたとたん、コンサルティングは順調に進み、クライアントはみるみる業績を回復しました。

私が「キーパーソンの見極めができず、声の大きい人に引っ張られて、多くの人の時間と労力を無駄にしてしまった」と強く反省したのは、言うまでもありません。

この出来事からもわかるように、**「キーパーソンを見極める」ことは、「結果までの最短の道を行くこと」であり、「自分の時間を大切にすること」**でもあります。

「情報を伝えなくていい人」のために、時間を割いて新たな書類やプランを作っても、仕事の成果に結びつくわけでも、仕事の質が向上するわけでもありません。

ただただ、人生の時間を奪われていくだけです。

それよりも、本を読んだり、家族や親しい友人と食事に行ったりした方が、よほど価値ある有意義な時間を過ごせるでしょう。

なお、人生をより豊かなものにするためには、仕事だけでなく、**「人生におけるキーパーソン」を見つけること**も大切です。

お互いに支え合い、助け合える人、喜びや悩み、苦しみを共有できる人……。

彼らと過ごす時間は、あなたに多くのものをもたらしてくれるでしょう。

では、「人生におけるキーパーソン」は、どうすれば見つかるのか。

世の中にはいろいろな人、いろいろな出会いがあり、相性もさまざまですから、もちろん一概には言えませんが、私がおすすめしたいのは「頭のいい伝え方」ができる人になること、そして「頭のいい伝え方」ができる人を探すことです。

伝えるべきことを、きちんと伝え合える人同士なら、互いに、最強の「人生におけるキーパーソン」になれるのではないでしょうか。

まとめ

- **キーパーソンか、情報を伝えなくていい人かを見極め、キーパーソンに、きちんと情報を伝えるよう心がける**
- **キーパーソンが見つかれば、人生はより豊かになる**

5年後の自分を
いつも周囲に伝える。
そうすれば、自分の夢に
協力してくれる人が現れる

仕事柄、私は今まで、さまざまな企業のトップの方々のお話をうかがってきました。

その際、しばしば耳にしたのが、**「まだ具体的なことは何も決まっていないけれど、今後、会社をこんな風にしたい、このようなビジネスを展開したいという、漠然としたイメージがある」**といった言葉でした。

彼らが語ったことの中には、**数年後に実現したものもたくさん**あります。


また、「ヒットメーカー」と呼ばれる人たちに、「どのようにして、この商品をヒットさせたのですか?」と尋ねると、しばしば「5年前に読んだ本から着想を得て、その後転職した会社でノウハウを学び、直近の3年間は、いかにしてヒットさせるかを必死で考えてきた」といった答えが返ってきます。

彼らは、**アイデアという種を手に入れた時点で、将来的にヒットさせることを考え、目標を設定し、そこに向けて時間をかけて、必要な準備を計画的に行っている**のです。


このように、何か実現させたいことがあるとき、それをイメージし、目標として意識するのはとても大事ですが、ここで、さらに夢や希望が叶いやすくなる方法をご紹介しましょう。

その方法とは、ずばり、「**5年後、10年後に実現させたいことを言語化し、周りの人に伝えること**」です。

こう書くと、みなさんの中には、もしかしたら「未来なんてどうなるかわからないし、考えるだけ無駄」「自分の願望は荒唐無稽(こうとうむけい)すぎて、人に話すのが恥ずかしい」という方もいらっしゃるかもしれません。

でも、それができるかできないかで、人生に大きな差が生まれます。

未来のことは、たしかに誰にもわかりません。

しかし、たとえあいまいでも、荒唐無稽でも、なんらかの目標を立て、人に伝え続ければ、自分自身も無意識のうちに、その目標に向かって行動するようになりますし、自ずと協力してくれる人も現れます。

5年後、10年後の将来像を、周囲の人に「ちょい出し」して伝えることは、夢や希望を実現させるための、大いなる第一歩なのです。

「人に伝えるのは恥ずかしい」という人でも、言語化だけはしておきましょう。

5年後や10年後の目標、それを実現させるために、半年後にしておくべきこと、1年後にしておくべきこと、今日やるべき仕事……。

これらを、紙に書きだしてみるのです。

そうすることで、「今、何をすればいいか」「何を学べばいいか」が明確になり、今日やる仕事の意味合いが変わり、取り組み方が変わります。

実現させたいことを言語化し、伝えること。

それは必ず、豊かな将来をもたらしてくれるはずです。

まとめ

- **人生やビジネスで実現させたいことがあれば、できるだけ「ちょい出し」しておく。それが、あなたに、真の成功を連れてくる**

自分が死ぬときを想像しよう。
最後に何を伝えたいと
あなたは思うのか

「20代のころより10倍金持ちになったという、60代の人間を見つけることは簡単だ。だが、そのうちの誰もが、10倍幸せになったとは言わないはずだ」

これはアイルランドの文学者で、1925年にノーベル文学賞を受賞した、ジョージ・バーナード・ショーの言葉です。

「10倍金持ちになったからといって、10倍幸せになるわけではない」というのは、当たり前のことのようですが、とても身にしみるフレーズですね。

では、いくつになっても、どんな状況になっても幸せでいられるためには、どうしたらよいのでしょう。

私はやはり、**日常生活の中で、家族や友人、同僚など周りの人たちに、自分の気持ちや大切な情報を、きちんと伝えていく**ことが重要だと思っています。

人に幸せをもたらしてくれるのは、人です。

伝え方のテクニックを身につけ、たくさんの素晴らしい人たちと、良好・良質なコミュニケーションを重ねていくことで、人は幸せに生きられるのではないかと、私は思っています。

そして、できればときどき、**「もし明日、自分が人生最後の日を迎えるとしたら、誰に何を伝えたいと思うだろうか」**と自分自身に問いかけてみてください。

唐突に感じられるかもしれませんが、この問いかけは、多くの発見をもたらしてくれます。

ふだん、目の前の仕事や生活に追われて忘れがちな、「自分が本当にしたい仕事ややりたいこと、やり残したら後悔すること」が頭の中に浮かび、「あの人と、おいしいものを食べに行こう」「あの人に、あらためて大切に思っていることを伝えよう」といった考えや発想が生まれるからです。

私自身、時折この問いかけを行うことで、自分が本当に大切にしたいもの、守りたいものを再確認し、自分の気持ちを固めることができたように思います。

社会や周囲の状況がどれほど目まぐるしく変化しても、**「自分はどういう人間なのか」「自分が本当に望んでいるのは何か」**といった、自分の「核」となるものをしっかり把握できていれば、ありのままの自分を周囲に伝えることができ、悔いのない人生を生きられるはずです。

また、「何をやってもうまくいかない」「伝え方を間違え、相手を傷つけてしまった」といったときにも、**「もし、明日が人生最後の日だとしたら……」と想像してみる**ことで、思いもよらない解決策が見つかることもあります。

ちょっと意外な「伝え方」のテクニックかもしれませんが、みなさん、ぜひ試してみてください。

まとめ

- **「もし明日、人生最後の日を迎えるとしたら、誰に何を伝えたいか」そう考えることで、本当に大切なものが見えてくる**

おわりに

本書の中で、私は「頭のいい伝え方ができれば、信頼も人も集まり、楽しく豊かな人生を送ることができる」と述べましたが、これは、経営コンサルタントという仕事を通じて、心から確信していることです。

なぜなら、「伝え方」とは「優しさ」そのものだからです。

「相手に喜んでほしい」「相手の仕事がスムーズに進んでほしい」「相手に楽しい人生を送ってほしい」といった気持ちがなければ、本当に頭のいい伝え方はできません。

「相手のこと」を第一に考え、伝えていくからこそ、相手の課題を解決するための提案ができたり、アイデアが喜ばれ、広がっていったりするのではないでしょうか。

そして、こうした「優しさの連鎖」こそが、周囲の人と自分自身が幸せになり、豊かな人生が送れるようになる秘訣ではないかと、私は思います。

たとえ自分に余裕がなくても、辛くても、「今、自分は優しさに満ちた伝え方ができているだろうか」。

常にそう戒めながら、日々を送りたいものです。

また、もし今、あなたが会社や社会の中で辛い状況に置かれていたとしても、「伝え方」を工夫すれば、未来は大きく変わります。

「自分の話したいことだけを一方的に話さないこと」「相手がワクワクするようなイメージを持って伝えること」を心がけ、「伝え方」を変えることで、周囲からの評価はガラっと変わり、信頼も人も集まり、豊かな人生を送れるようになる。

私はそう信じています。

高橋輝行

本書でご紹介してきた五つのテクニックが、みなさんの仕事や幸福の一助となれば、望外の喜びです。

頭の悪い伝え方
頭のいい伝え方

発行日　2018年10月1日　第1刷

著者　高橋輝行

本書プロジェクトチーム
企画・編集統括　柿内尚文
編集担当　栗田亘
デザイン　小口翔平＋岩永香穂（tobuhune）
編集協力　村本篤信
校正　荒井順子
DTP　廣瀬梨江
営業統括　丸山敏生
営業担当　石井耕平
営業　増尾友裕、池田孝一郎、熊切絵理、戸田友里恵、大原桂子、矢部愛、綱脇愛、川西花苗、寺内未来子、櫻井恵子、吉村寿美子、田邊曜子、矢橋寛子、大村かおり、高垣真美、高垣知子、柏原由美、菊山清佳
プロモーション　山田美恵、浦野稚加
編集　小林英史、舘瑞恵、村上芳子、大住兼正、堀田孝之、千田真由、生越こずえ
講演・マネジメント事業　斎藤和佳、高間裕子、志水公美
メディア開発　池田剛、中山景、中村悟志、小野結理
マネジメント　坂下毅
発行人　高橋克佳

発行所　株式会社アスコム

〒105-0003
東京都港区西新橋2-23-1　3東洋海事ビル
編集部　TEL：03-5425-6627
営業部　TEL：03-5425-6626　FAX：03-5425-6770

印刷・製本　中央精版印刷株式会社

Printed in Japan ISBN 978-4-7762-0963-8

購入者だけにプレゼント！

スマートフォン、
パソコン・タブレットで

「頭の悪い伝え方 頭のいい伝え方」

の電子版が読めます。

アクセス方法はこちら！

▼

下記のQRコード、もしくは下記のアドレスからアクセスし、会員登録の上、案内されたパスワードを所定の欄に入力してください。

アクセスしたサイトでパスワードが認証されますと電子版が読めます。

https://ascom-inc.com/b/09638

※通信環境や機種によってアクセスに時間がかかる、
もしくはアクセスできない場合がございます。
※接続の際の通信費はお客様のご負担となります。